Bibliografische Information der Deutschen Nationalbibliothek:

Die Deutsche Bibliothek verzeichnet diese Publikation in der Deutschen National-
bibliografie; detaillierte bibliografische Daten sind im Internet über http://dnb.d-
nb.de/ abrufbar.

Impressum:

Copyright © 2015 GRIN Verlag, Open Publishing GmbH
Druck und Bindung: Books on Demand GmbH, Norderstedt Germany
ISBN: 978-3-668-10225-5

Dieses Buch bei GRIN:

http://www.grin.com/de/e-book/311002/toni-erinnerungen-eines-zeitzeugen-an-
den-2-weltkrieg

Jan Ammersbach

Toni. Erinnerungen eines Zeitzeugen an den 2. Weltkrieg

GRIN Verlag

GRIN - Your knowledge has value

Der GRIN Verlag publiziert seit 1998 wissenschaftliche Arbeiten von Studenten, Hochschullehrern und anderen Akademikern als eBook und gedrucktes Buch. Die Verlagswebsite www.grin.com ist die ideale Plattform zur Veröffentlichung von Hausarbeiten, Abschlussarbeiten, wissenschaftlichen Aufsätzen, Dissertationen und Fachbüchern.

Besuchen Sie uns im Internet:

http://www.grin.com/

http://www.facebook.com/grincom

http://www.twitter.com/grin_com

Vorwort

Deutschland im Kriegszustand.

Dies ist für Generationen, die nach der kriegerischen ersten Hälfte des 20. Jahrhunderts, also nach 1945, geboren und aufgewachsen sind nur sehr schwer vorstellbar. Man kennt nur die harte Nachkriegszeit und dann den Aufschwung der jungen Bundesrepublik – die Zeit des Wirtschaftswunders.

Über den Krieg wurde in den Familien häufig nicht gesprochen – ob aus Angst, aus Scham oder aus Schuldgefühl. Auch gibt es leider nicht mehr viele Zeitzeugen, die den Zweiten Weltkrieg miterlebt haben. Umso wichtiger ist es, an diese Zeit zu erinnern, damit so etwas nie wieder passiert.

Unser Zeitzeuge Toni Ammersbach – geboren 1927 und verstorben am 23. Dezember 2014 – erinnerte sich noch an alles, als wäre es gestern gewesen. Nach vielen Gesprächen mit dem weisen Opa Toni habe ich niedergeschrieben, was er damals erlebt hat.

Jan Ammersbach, 23.11.2015

Der Krieg

In meiner Jugendzeit hatte fast jeder Haushalt Hühner, Gänse und Enten. Die Gänse wurden gemeinsam auf die Weide gebracht. Vom Nachbarn, der am Tag vorher dran war, wurden eine Pfeife und eine Peitsche übernommen. Schon früh am Tag ging es los mit der Pfeife in der Tasche. Die Leute machten den Stall auf. Die Gänse rannten auf die Straße. Es kamen immer mehr dazu, bis es eine ganze Herde war. Es ging in Richtung Schafhof in der Nähe der Bergmühle. Bis Nachmittag waren die Gänse dann satt und gingen in den Bach. Dann war Zeit zum Spielen. Aufpassen musste man trotzdem gut, sonst wären sie fort gerannt. Es ist oft vorgekommen, dass eine Gruppe den halben Berg hinauf marschierte und dann bis ins Dorf flog. Mit der Herde ging es abends heimwärts. Einer musste vorausgehen und bremsen, sonst rannten sie alles um. Zu Hause fand jede Gans ihren Stall. Für uns Kinder war es eine schöne Zeit.

Natürlich habe ich die Kriegszeit seit 1939 erlebt, als Kind und als Jugendlicher, daheim in Gössenheim. Aber der Krieg begann für mich bei der Wehrertüchtigung im Lager Weiden in der Oberpfalz. Später, im Herbst 1944, ging es dann zum Reichsarbeitsdienst nach Neustadt an der Lahn.

Regensburg, Winter 1944/45

Nach der Musterung war ich in Regensburg im Grenadier-Ausbildungs-Bataillon 20 in der „Von der Tann-Kaserne" stationiert. Nach einigen Tagen wurden wir auf den Keilberg, das ist in der Nähe der Walhalla, verlegt.

Wir nahmen an einer Übung in Regensburg teil und kamen erst am nächsten Tag zurück zur Kaserne. Bei der Rückkehr sah ich schon am Eingang der Kaserne, dass das Zimmer, in dem ich die Nacht verbracht hatte, vollständig zerbombt war. Wir brauchten einen neuen Unterschlupf, also sind wir in eine Holzbaracke eingezogen. Mit ihrem kaputten Dach war diese Baracke jedoch keine angenehme Schlafstätte.

Dem Regen konnten wir so also nie entfliehen. Zwar brachte man die Betten am Tage in eine trockene Ecke, am Abend blieb mir dennoch nichts anderes übrig, als mich mit nasser Uniform auf das nasse Bett zu legen.

Wir waren jeden Tag im Gelände bei Übungen, wo ich mehrere Fliegerangriffe auf Regensburg von oben sah. So aufregende Bilder hatte ich noch nie zuvor gesehen. Einmal kamen die Bomben so nahe, dass ich mich an einem Grasbüschel festhalten musste. Später erfuhren wir, dass es Luftminen waren. Ich war MG-Schütze drei oder vier, ich erinnere mich nicht mehr genau. Im ersten Zug waren die größeren Soldaten. Ich war im vierten, da war es auszuhalten. Mein Ausbilder war ein guter Mensch. Wenn ich im Dienst in der Walhalla gestöbert habe, hat das keiner gemerkt.

Eines Tages fühlte ich mich nicht gut. Ich hatte Fieber. Früh beim Antreten zum Rapport meldete ich mich krank, musste aber trotzdem ins Gelände. Am nächsten Tag blieb ich im Bett. Zwei Kollegen führten mich in einem Vehikel, einem ovalen Weidenkorb auf zwei Rädern, nach unten. Bei uns zu Hause hieß das "Scheese", am Aufbau war eine Gardine befestigt. Meine Kollegen mussten in der Stadt öfters anhalten, weil der Vorhang immer wieder, meistens von Frauen zurückgezogen wurde. Sie fassten mir an die Stirn: "Armer Kerl", hörte ich sie sagen.

Es war kurz vor Weihnachten, als ich ins Lazarett kam. Eine stillgelegte Schule war zum Lazarett umfunktioniert worden. Bei jedem Fliegeralarm wurde ich in den Keller geschoben. Mein Zustand war sehr schlecht. Mit doppelseitiger Lungenentzündung und Gelenkrheuma lag ich einige Wochen auf Nr. 7 – das war das Sterbezimmer.

In Gössenheim kam ein Telegramm an: „Wenn Sie ihren Sohn noch einmal sehen wollen, dann ist es höchste Zeit." Mein Vater machte sich auf die damals nicht ungefährliche Reise, doch ich konnte nicht viel mit ihm anfangen. Mein ganzer Körper war mit schwarzer Salbe bestrichen und mit Papierbinden eingewickelt. Ich hatte ein schwarzes Gummihemd an und musste gefüttert werden. Einzig meinen Kopf konnte ich ein wenig bewegen. Es strengte mich alles so sehr an, dass ich froh war, als ich wieder alleine war.

Kaum konnte ich wieder laufen, heulten die Sirenen. „Alle in den Keller!" Ich war der Jüngste von allen, weswegen mich die Vorgesetzten auch „Bubi" riefen. Daher war ich auch in der Küche gut bekannt. Der Koch, zwei Schwestern, und ich hoben einen Eisendeckel an und krochen noch weiter nach unten. Man hörte wie die Bomben krepierten, erst leise, dann laut und nach einer Weile wieder leiser. Das war noch mal gut gegangen. Auf einmal ein Krachen. Staub flog aus den Mauern, die Kerze flog in die Ecke. Einige Meter weit von uns entfernt schlug eine Bombe ein und krepierte nicht. Als wir wieder zu uns kamen hörten wir ein Scharren am Eisendeckel, dann wurde es wieder ruhig. Als ich nach oben kam war die Schule leer. Alles war voll Feuer und Rauch. Im Speisesaal, wo unsere Betten standen, ist die Bombe durchgerast. Bis ungefähr einen Meter über dem Fußboden war noch kein Feuer und kein Rauch. Da kroch ich durch zu meinem Bett und holte meine Sachen.

Der Eingang der Schule war voll von brennenden Schulbüchern. Die Fenster waren mit Eisenstäben gesichert. Ich ging in den Duschraum, warf die Jacke über den Kopf und zog an dem Strick, damit ich nass wurde. So stürmte ich durch das Feuer ins Freie. In einer Holzhalle wollte ich Schutz suchen, doch als ich die Türe öffnete, flüchteten einige Dutzend Ratten ins Freie. Als ich sah, dass in der Halle mit Tüchern zugedeckte Leichen gestapelt waren, flüchtete ich. Ich lief einfach drauflos, zwischen Büschen und Bäumen, denn immer noch fielen die Bomben. Ich legte mich in einen ganz frischen Bombentrichter und dachte: „Jetzt ist mir alles wurscht, mehr kann ich nicht tun." Unser Lazarett, die Augustenschule, war völlig kaputt.

Als alles überstanden war, fand ich mich im Schlosspark von Thurn und Taxis wieder. Ich lief zurück zum Schulhof, denn ich wusste ja nicht, wo ich nachts bleiben sollte. Immer mehr Patienten kamen aus den Ecken gekrochen. Wir machten uns auf zu den Englischen Fräulein. Das waren die Schwestern im Kloster. Sie trugen schwarze Kleidung mit großen weißen Hauben. Eingerichtet war dieses Lazarett für innere Krankheiten. Viele Soldaten kamen von der Front und starben dort.

Oft war dort die ganze Nacht keine Ruhe. Ich hatte mich schnell wieder eingewöhnt. Dabei half mir mal wieder mein jugendliches Aussehen. Ich half beim Kartoffelschälen, weswegen ich viele Freiheiten in der Küche hatte. Bis die anderen ihr Essen bekamen, war ich meistens schon satt. Meine Portionen und noch mehr, deponierte ich auf dem Fensterbrett hinter der Gardine. Abends kam immer der Walter Heid aus Gössenheim zu mir. Er war nach Regensburg eingezogen worden und hatte großen Hunger. Er besuchte mich fast jeden Tag.

Von unserem Chef bekam ich einen Dauereingangsschein. Ich musste die verschiedensten Besorgungen machen. Einmal wollte ein Vorgesetzter heiraten, hatte aber nur eisenbeschlagene Stiefel. Ich musste durch ganz Regensburg marschieren und ein paar Schuhe besorgen.

Ein Kollege war nicht mehr einsatzfähig und war dann bei Thurn und Taxis beschäftigt. Das Schloss war sehr interessant.

Von Regensburg nach Gössenheim, März 1945

Im März änderte sich die Situation dann aber schlagartig. Regensburg, Nürnberg und Würzburg wurden bombardiert. Der Koch und ich wurden auf Urlaub geschickt, weil dann Urlaubssperre war. Der Koch gab mir einen Rucksack mit Verpflegung mit auf den Weg. Walter und ich marschierten los, weit aus der Stadt heraus. Mit dem Zug fuhren wir Richtung Nürnberg.

Am Dutzendteich war die Fahrt jedoch vorbei. „Alles aussteigen!" Mit unseren zwei Koffern marschierten wir los. Die Koffer würde ich heute wegwerfen, so kaputt waren sie.

Auf dem Weg zum Nürnberger Hauptbahnhof mussten wir über ganze Häuser klettern, die auf der Straße lagen. Die Schuhe wurden heiß, weil der Asphalt brannte. Der Bahnhof war völlig kaputt. Wir legten uns auf den Boden, da wir Angst hatten, es könnten wieder Bomben fallen. Am nächsten Tag ging es weiter nach Fürth.

Alle Waggons der Straßenbahn standen ausgebrannt auf der Straße. In Fürth konnten wir dann endlich wieder in den Zug einsteigen und Richtung Würzburg weiterfahren.

Einige Male pfiff die Lok. Dann hieß es wieder: „Alles raus!" Die Flieger kamen. Wir legten uns unter die Waggons. Als die Flieger weg waren, stiegen wir wieder ein und es ging weiter. Da, wo die ersten Häuschen von Würzburg standen, war Endstation.

Würzburg war eine Geisterstadt. Es standen nur noch die Außenmauern und die Kamine. Auf der Straße konnte man nicht laufen, da lagen zu viele Brandbomben, also ging es an den Schienen entlang. In der Nähe des Friedhofs stand eine Bank, auf der wir Brotzeit machten. Einer meiner Kollegen war bei Ludwigshafen zu Hause. Er nahm das Gleis nach links. Wir winkten uns noch einmal zu und weg war er.

Ich trug dann meine zwei Koffer bis nach Zell. Ich war über ein Viertel Jahr im Lazarett, ich hatte Blasen an den Füßen, aber es musste weitergehen.

Der Bahnhof in Zell war nicht zerbompt. Da stand ein Personenzug unter Dampf. „Alles einsteigen", rief der Schaffner. Ich setzte mich auf eine Holzbank des Zuges.

Die meisten Menschen im Zug waren Soldaten. Auch vier Mädchen vom Reichsarbeitsdienst waren im Zug. Sie wollten in die Rhön. Doch ehe der Zug losfuhr, heulten wieder die Sirenen. Wir suchten Schutz unter den Waggons. Neben uns stand ein Güterzug. Auf einem der Waggons war ein Flakgeschütz. Sie schossen fleißig auf die Kampfbomber, doch dann sind sie geflüchtet. Es waren 16-jährige Buben.

Bis die Flieger wieder kamen, rannten wir zu einer Laderampe, unter der die Leute aufeinander lagen. Die Flieger schossen nicht mehr auf den Zug, sie zielten direkt auf uns. Die Flugzeuge mussten immer erst wieder in die Höhe fliegen, damit sie erneut angreifen konnten. In dieser Zeit rannte ich los, auf den Main zu. Das Gelände war damals noch frei. Es lagen Baumstämme herum, hinter denen ich beim dritten Angriff lag. Ich war zu nahe an die Mainbrücke gekommen. Da war es noch gefährlicher. Also weiter mainaufwärts, wo ich mich dann in den Weidenbüschen verkroch.

Die Jabos (Jagbomber) hatten keinen Treibstoff mehr und mussten zurück. Als ich zurück zum Bahnhof kam, sah ich, dass die Flieger auch Bomben geworfen hatten. An der Laderampe, wo der Güterzug gestanden hatte, suchten Leute Schutz. Uniformfetzen hingen an den Telefonmasten. Wie viele Menschen ums Leben gekommen sind, weiß ich nicht. Wir sammelten uns alle wieder in unserem Waggon. Von den vier Mädchen kamen nur noch drei und die weinten fürchterlich. Sie hatten schon alles abgesucht, aber das vierte Mädchen nicht gefunden. Sie jammerten: „Was sollen wir nur ihren Eltern sagen?" Ich zählte 14 Einschüsse in unserem Waggon Trotzdem fuhren wir los in Richtung Heimat.

Den Glauben, dass die Amerikaner unsere Freunde sind, hatte ich vollständig verloren.

Daheim in Gössenheim

In Wernfeld war es schön warm im Wartesaal. Nach einer Weile wurde ausgerufen: „Der Zug nach Schweinfurt fährt ein". Zu Hause angekommen, sagte das Fräle zur Begrüßung: „Ich schlag dir gleich amol ein paar Eier aus."

Jetzt, wo ich wieder daheim war, musste ich mich in Acht nehmen. Laut Jugendschutzgesetz durfte ich abends ohne Begleitung keine Gaststätte besuchen, weil ich noch keine 18 war. Der Ortsgruppenleiter wollte mich beim Volkssturm haben. Das waren Männer, die daheim waren, weil sie zu alt waren und daher nicht mehr zum Militär eingezogen wurden. Da mein Urlaubsschein jedoch auf Genesungsurlaub ausgestellt war, konnte er mich nicht dazu zwingen. Der Ortsgruppenleiter war vom Militär freigestellt. Man sah ihn oft mit den alten Leuten am Hügelein. Da wurden Wehrübungen gemacht. Mit Pickel und Schaufel wurden Schützengräben ausgehoben.

Ich beschäftigte mich in der Landwirtschaft, was damals gefährlich war. Als mein Vater Viktor und mein Bruder Karl einmal Pflanzen am Arnberg setzten, kam ein Flieger und schoss auf sie. Auf ihrer Flucht mussten sie eine Mauer hinunter springen. Karl verletzte sich am Fuß und hinkte sein Leben lang.

Meine spätere Frau Emma erzählte, sie arbeitete auf dem Feld in Münster. Plötzlich kam so ein Jabo und schoss auf sie.

In der Nähe war die Adfalla, so nannten es die Leute. Ein unterirdischer Wasserlauf nahm immer Erde mit, weswegen sich ein einige Meter tiefer Trichter bildete. Da hüpfte sie hinein. Der Flieger probierte es von allen Seiten, aber Emma legte sich immer so, dass er sie nicht treffen konnte. Wahrscheinlich hatte er keinen Sprit mehr und musste abfliegen. Es dauerte nicht lange, bis er den ganzen Flur absuchte. Doch meine Emma war schon längst in den Wald geflüchtet.

Am Haag half ich meinem Onkel Valtin beim Verlegen einer Wasserleitung. Von oben sahen wir einige Flugzeuge, wie sie ihre Bomben, die den Wernfelder Bahnhof treffen sollten, auf der anderen Seite vom Main in den Wald warfen. Später haben wir dann zugeschaut, wie Adelsberg bombardiert wurde. Das hat mein Vater schon einige Tage zuvor vom englischen Nachrichtensender BBC erfahren.

Eines Nachts hörten wir, dass Kettenfahrzeuge unterwegs waren. Es wurde erzählt, dass der Sohn von Stalin im Lager in Hammelburg in Gefangenschaft war. Ihn wollten die Panzer befreien. Aber sie stießen auf so viel Widerstand, dass ihre Formation sich auflösen musste und jeder in eine andere Richtung abfuhr. Zwischen Höllrich und Heßdorf haben Jugendliche schließlich den letzten der Panzer mit einer Panzerfaust abgeschossen.

In Wernfeld hatte ein Schiff festgemacht. Das war ganz mit Stoffen beladen. Die Leute von den umliegenden Dörfern holten sich davon. Auch ich hatte einen Mantel von diesem Schiff.

Mit dem Zügle fuhr ich Richtung Schweinfurt nach Oberndorf, meine Tante Juli besuchen. Kaum war ich da, heulten die Sirenen. Alle rannten wir zum Bunker. Das war ein mehrstöckiges Gebäude mit dicken Betonmauern und einem ganz steilen Dach. Da konnten die Bomben nicht eindringen. Nach einer Weile hörten wir erneut die Sirenen. Langgezogene Töne bedeuteten Entwarnung. Wir konnten wieder raus.

Ich wickelte zwei Gewehre in einen Sack und fuhr damit nach Gössenheim. Die Tante wollte das Zeug aus dem Haus haben, das der Onkel Otto aus dem Urlaub mitgebracht hatte. Als die Amerikaner zu uns kamen, warf ich die Gewehre, es war ein russisches Schnellfeuergewehr dabei, bei uns im Garten in die Wern. Ich habe sie bis heute nicht mehr gefunden.

Einige Tage später kam Tante Juli mit Ihrer ältesten Tochter an der Hand, vom Bahnhof her, auf Gössenheim zu. Sie konnte vor lauter Tränen fast nicht reden. Schweinfurt wurde bombardiert und dabei brannte ihr Anwesen nieder. Das Haus stand noch, war aber nicht mehr bewohnbar. Unterschlupf fand sie bei ihren Schwiegereltern. Aber das Geissafräla war nicht gut zu ihr, weil sie protestantisch war. Darum hielt sie sich bei uns auf und half in der Landwirtschaft mit.

In der Mühlgasse waren der Bernhard Popp und mein Vater Viktor beim Erzählen. Da kam ein Flieger und schoss dem Bernhard durch das Bein. Da der Knochen nicht getroffen wurde, war das aber nicht ganz so schlimm.

Wir erlebten dann den Rückzug der Deutschen Truppen. Alles war voll von Soldaten und Fahrzeugen. Meine Mutter Rosa kochte jeden Tag viele Hafen Kartoffeln für die Soldaten, weil sie Hunger hatten. Das Fleisch und die Wurstgläser versteckten wir im Brunnen, wir wussten ja nicht, was noch alles über uns kommt.

Dann kamen die amerikanischen Flieger und schossen auf alles was sich bewegte. Jedes Mal wenn die anflogen, flüchtete ich in das Haus und sah, wie der Dreck im Hof von den Geschossen aufspritzte.

Aus der Halle, in der unsere landwirtschaftlichen Geräte untergebracht waren, sah ich Rauch aufsteigen. Alleine konnten wir das Feuer nicht löschen, weil wir immer wieder flüchten mussten. Die meisten Leute waren in ihre Keller geflüchtet. Einige Jugendliche brachten eine Feuerwehrpumpe an die Wern. Ich half ihnen noch beim Aufbauen, aber da war es schon zu spät. Der aufkommende Wind trieb die Flammen auf die Scheunen zu.

Das Stallgebäude war bis oben mit Heu zugesetzt. Wir löschten mit Eimern. Das Wasser mussten wir am Brunnen holen. Das Dach stürzte schließlich zusammen. Ein Balken traf mich und schleuderte mich in den Hof auf den Misthaufen. Da gab ich das Löschen auf. Das Scheunentor flog mit einem Schlag auf den Hofboden. Das Vieh wurde gerettet und in den Stall von Onkel Bruno gebracht. Der Stall stand leer, weil Bruno in Russland im Krieg war. Alle landwirtschaftlichen Geräte waren kaputt. Schlimm war, dass man kein Futter für die Kühe mehr hatte.

Mein Bruder Karl hatte noch am Gründonnerstag und Karfreitag zum Ave-Singen mit seinen Schulkameraden der siebten Klasse in der Scheune im Heu übernachtet. Die waren in diesem Jahr mit dem Singen dran. Damals brannten sechs Scheunen nieder.

Wir saßen in der Küche am Tisch beim Essen, meine Mutter Rosa hatte Erbsensuppe gekocht, als es laut krachte. Die Fensterscheiben flogen uns um den Kopf und in die Suppe. Die abziehenden Soldaten hatten die Wernbrücke gesprengt. Sie zogen ab und sagten: Wir haben unsere Arbeit getan. Jetzt könnt ihr machen was ihr wollt. Man konnte aber die Zündschnur nicht wegreißen, weil der Ortsgruppenleiter eine Wache aufgestellt hatte. Da wäre es fast zu einer Schlägerei gekommen.

Tante Juli sagte zu mir, beim letzten Urlaub hat der Otto, ihr Mann, etwas auf dem Dachboden versteckt. Ich entdeckte unter einem Sparren eine Eierhandgranate. Daneben in Papier eingewickelt, den Zünder. Ich ging damit an die Wern, wollte sie hineinwerfen und Fische fangen. Aber die Franziska, das war die Tante von Otto Försch, störte mich dabei. Da musste ich weiterziehen. In der Dietersau warf ich die Granate über eine Mauer auf einen Acker. Eine Eierhandgranate hatte mehr moralische Wirkung als Sprengkraft.

Als ich danach an der Dorfstraße ankam, waren alle Leute in Aufruhr. Das war ein Blindgänger, riefen sie. Der Volkssturm baute am Hügelein eine Panzersperre mit Balken und Brettern auf. Die Leute kamen alle mit Tempo aufs Dorf zugerannt. Ich hatte einen Mordsaufstand verursacht.

Die Amerikaner in Gössenheim

Eines Morgens standen die Mühlgassemer auf dem freien Platz an der Wern und schauten zum Hügelein. Von da hörte man Motorengeräusche. Damals waren viele Reisighaufen neben dem Weg nach Adelsberg gelagert. Dazwischen sah man Fahrzeuge, aber keiner wusste, was los war. Ich sagte: „Da geh ich mal nauf!"

Die Försch Elli, eine Schulkollegin von mir, war sofort dabei. Ein alter Steinbruch, heute steht das Sportheim dort, war unser Versteck. Ich hatte ein Zielfernglas von einem Artilleriegeschütz dabei, mit dem man seitlich versetzt gucken konnte. Damit konnte ich über den Rand hinweg schauen. Auf den Fahrzeugen waren so weiße Sterne, also waren es die Amerikaner. Sie wussten nicht, was sie machen sollten. Einmal zielten sie auf uns, setzten die Gewehre aber wieder ab.

Da rannten wir auf die Straße zu, hinter einen dicken Kirschbaum. Da flogen links und rechts die Geschosse vorbei. Mit dem Fernglas konnte ich alles übersehen. Als es wieder ruhig war, überquerten wir die Straße und konnten dann ungesehen auf das Dorf zugehen. Über uns sah man Leuchtspeergeschosse fliegen.

In der Mühlgasse gut angekommen und Meldung gemacht, sagte ich daheim Bescheid. Dem Grussa Johann seine Scheune brannte. Die Panzer fuhren die Straße herunter und mussten anhalten, weil die Kühe auf der Strasse standen. Die Dorfbewohner waren alle mit Löschen beschäftigt. Da nahm ich eine Kuh nach der anderen und führte sie in einen gegenüberliegenden Hof. Jetzt konnte die Kolonne weiterfahren.

Ich war froh, dass die Amerikaner kamen, weil mein Urlaubsschein abgelaufen war. Es gab da bei den Nazis ein Schnellgericht. Die hängten solche Soldaten am nächsten Baum auf.

Die Bergmühle bekam auch Besuch von den Amis. Die deutschen Soldaten, die sich dort einquartiert hatten, flüchteten in den nahe gelegenen Wald. Den Besitzer Rüthlein setzten die Amerikaner vorne auf einen Panzer und nahmen ihn mit. Er landete in Südfrankreich als Kriegsgefangener. Einige Gössenheimer mussten ihre Häuser räumen. Da zogen die Amis ein.

Am Bahnhof versammelten sich dann eine ganze Menge Fahrzeuge. Die blieben dort wochenlang. Ein Jeep fuhr an den Strommasten vorbei und die Soldaten schossen die Isolatoren kaputt, so dass wir keinen Strom mehr hatten.

An der Wern in der Mühlgasse war eine Wasseraufbereitungsanlage aufgestellt. Die Amis benutzten unseren Brunnen nicht.

In den nächsten Tagen sah man immer wieder kleine Trupps deutscher Soldaten auf das Dorf zulaufen. Sie schwenkten weiße Tücher oder Hemden. Im Schulhof sammelten sie sich und wurden dann abtransportiert. Am Karlstadter Berg und auf unserem Grundstück in der Seilersellern sahen wir dann später die Schützenlöcher und die Munition, die sie weggeworfen hatten.

Die Dreschhalle wurde zum Teil umgebaut zu einem Wasch- und Brauseraum.

Im Bahnhof haben sich die Amis eingenistet und blieben länger als wir gedacht haben. Als ich hörte, dass der Post-Ernst mitgenommen wurde, er hatte im Krieg beide Beine verloren, habe ich mich versteckt. Mein Vater konnte sich jetzt wieder frei bewegen. Vorher, solange die Deutschen da waren, hatte er Angst vor den Nazis im Dorf. Die Fenster mussten verdunkelt werden, damit die Flieger kein Licht sahen.

Wir hatten eines der ersten Radios im Dorf, einen Volksempfänger. Da kamen einige Nachbarn und hörten die Nachrichten von den

Auslandssendern. Obwohl mein Bruder Richard, - er war ein Jahr älter als ich und ist in Polen gefallen - und ich im Hof und in der Mühlgasse aufgepasst haben, dass keiner was merkt, waren einige Anzeigen beim Dorfpolizisten eingegangen, dass Feindsender gehört wurden. Wenn der Gendarm die Anzeigen weitergeleitet hätte, wäre es den Männern schlecht ergangen. Der Viktor hatte in seinem Bett ein Gewehr versteckt. Wenn die Nazis nachts gekommen wären, ihn abzuholen, hätte er geschossen.

Aber jetzt war alles anders, die Amis waren da.

Die Uhren waren verstellt, um 11 war es noch hell. Von 11-6 war Ausgangssperre. Vom Viehfüttern heimwärts mussten wir oft Schleichwege benutzen. Die Amis, die an der Filteranlage beschäftigt waren, haben uns nichts getan.

Die waren oft bei uns in der Küche und haben Grumbirn und dicke Milch gegessen. Dafür hatten wir dann ihre Büchsenverpflegung. Die Amis von der Mühlgasse warfen oft Handgranaten in die Wern und holten dann die Fische heraus oder gingen auf Gänse- und Entenjagd.

Wenn dann eine Kontrolle kam – das waren solche mit „MP" auf dem Helm, eine Art Polizei – stellten sie sich dumm. Zwei Mann kamen die Gasse herunter und fragten den „Töüerhansa Josef" nach deutschen Soldaten. Der Josef war nicht mehr so richtig im Kopf und führte sie zu uns in den Hof. Die Maschinenpistole auf mich gerichtet sagten sie, ich soll morgen früh in die Schule kommen. Ich dachte nichts Böses und ging hin. Das war ein großer Fehler.

In Gefangenschaft

Da keiner wusste, was los war, war ich erstmal froh, bei den Amerikanern zu sein. Ein paar Sachen durfte ich noch mitnehmen, dann ging es auf den Lastwagen. Ich sah die zerbombte Stadt Gemünden. Irgendwo bei Lohr im Wald war eine Zeltstadt. Da wurde übernachtet. Frühmorgens ging es dann los nach Darmstadt-Eberstadt in eine stillgelegte Schule, die als Lazarett diente. Ich hatte einen Genesungs-Urlaubsschein. Deshalb wurde ich in den ersten Stock getragen. Dort war es gut. Schon zum Kaffee gab es Schinken. Ganz neu für mich war eine Suppe aus Milch und Nudeln und Rosinen. Die Suppe war ganz süß. Süß war auch das Mädchen, das mich jeden Nachmittag besuchte.

Da hätte ich es ausgehalten, aber es dauerte nicht lange und wir wurden nach Frankfurt verlegt und hausten da in einer Kaserne, einem ehemaligen Pferdestall. Hier gab es Büchsenverpflegung. Auf einer Büchse waren auf dem Deckel 3 Zigaretten geklebt. Aber überall gab es Schilder „No smoking". Jeder der rauchte, wurde geschlagen. Das war schlimm. Im Hof waren Schützengräben ausgehoben. Eine Gruppe Musiker wurde eingeliefert. Ihre Instrumente mussten sie in den Graben werfen. Jeden Tag wurden wir einige Male ins Freie gelassen. Da standen auf jeder Seite Amis und schlugen auf uns ein. Wer nicht in den Graben auf die Musikinstrumente pisste, wurde mit dem Gewehrkolben geschlagen. Das war schlimm für mich.

Die nächste Station war Bad Kreuznach. Auf dem Weg dahin mussten wir einige Male anhalten, da von Brücken Steine auf uns geworfen wurden. Die schwarzen Fahrer waren uns gut gesinnt und verjagten die Polen. In eine Einzäunung außerhalb der Stadt wurden wir hineingetrieben wie Schafe. Von daheim hatte ich Brot und drei Büchsen Wurst dabei. In der zweiten Nacht wurde mir dies gestohlen, obwohl ich darauf geschlafen habe. Es waren hier allerhand Leute eingeliefert worden, Feuerwehrleute, Eisenbahner, Straßenbahnschaffnerinnen, 16-jährige Flakhelfer und Arbeitsdienstler.

Zum Essensempfang mussten 50 Mann in Viererreihen antreten. Ein Ami ging dann durch die Reihen mit einer Dose Fisch und einem Löffel. Wer sich keine leere Konservendose beschafft hatte, musste seine Hand aufhalten. Ein anderer Ami teilte dreieinhalb Kekse für jeden aus. Manchmal war es auch ein Kommissbrot für je zehn Mann. Es wurde dann eine Waage gebaut aus zwei Dosendeckeln, die an Schnüren an einen Ast aufgehängt wurden, damit jeder seinen Anteil bekam. Das meiste, was ausgeteilt wurde, war roher Kaffee und Klopapier. Die Uhren und Messer wurden uns abgenommen. Das Geld, das ich hatte, habe ich in meinen Socken versteckt.

Täglich kamen mehr Leute zusammen. Zuletzt war der ganze Berghang eingezäunt. Der Zaun bestand innen aus einer anderthalb Meter hohen Stacheldrahtrolle. Außen waren noch zwei Rollen mit vier Metern Stacheldraht. Dazwischen war ein Weg mit Wachtürmen in Sichtweite mit Scheinwerfern und Wachposten mit Maschinengewehren. Im Lager waren ständig Panzer unterwegs. Als Klo wurden lange Gräben ausgehoben, darüber ein Aufbau mit Brettern mit Löchern zum daraufsetzen.

Die Erde bestand aus Lehm und Sand. Da konnten wir uns mit Hilfe leerer Dosen Mulden graben. Wir rissen das Holz von den Weinbergen aus. Darauf lagen wir den ganzen Tag und hatten Hunger und Durst. Bei Regen und Schnee bildete sich ein ganzer Haufen von Menschen, um sich gegenseitig warm zu halten. Es gab keine Unterstellmöglichkeit.

Für die Ausgabe der Verpflegung war ein Zelt aufgebaut. Es war eine Schande, was man da bekam. Zum Beispiel zwei rohe Kartoffeln. Ich rupfte am Zaun entlang Gras, legte einen Dosendeckel auf zwei Steine und machte Feuer. Es gab viel Rauch, aber sonst nichts. So habe ich sie dann doch roh gegessen. Ein Mann aus Sachsenheim kam dann zu mir, der Kilian Erich. Der hatte eine Dreieckszeltplane dabei. Die war jedoch für zwei Mann viel zu klein zum Zudecken.

Da immer mehr Leute kamen, wurde der Zaun erweitert. Es handelte sich um einen Kleeacker. Der Klee war innerhalb von zwei Tagen völlig aufgefressen. Von den darauf stehenden Obstbäumen wurden zuerst die Blätter, dann auch die Rinde zerkaut. Die jungen Bäume waren nicht mehr grün, sie waren weiß. Nach einer Zeit waren unsere Beine dick geschwollen. Man konnte sich nicht mehr richtig fortbewegen.

Getrunken haben wir aus einem Betonbehälter, in den die Regenrohre der Weinbergstätten gleitet wurden. Als der Behälter leer war, konnte man auf dem Grund die toten Käfer und die Knochen von Mäusen sehen. Dann kam jeden zweiten Tag ein großes Fass mit Wasser an. Man stellte ich in einer Reihe an, mit leeren Dosen im Arm. Wenn man dann an der Reihe war, drehte der Ami den Hahn so auf, dass die meisten Dosen auf die Erde flogen. Viele konnten gar nicht so lange anstehen, wir waren zu schwach. Nach einigen Regentagen war die Erde total aufgeweicht. Alles war Schlamm. Mit dem Schuh hat man dann ein Loch eingetreten. Wenn dies voll Wasser gelaufen war, hatte man was zu trinken.

Wir lagen fast nur noch in unseren Löchern. Wenn man aufstand, wurde es schwarz vor den Augen. Dann legte man sich wieder hin. Ich habe unendlich viele Leute sterben gesehen. Wenn man vor Erschöpfung eingeschlafen war, stellte man beim Erwachen fest, dass die Leute rechts und links gestorben waren. Der Sattlers Werner ging einmal vorbei. Er war in Gössenheim aufgewachsen, wohnte aber jetzt in Arnstein. Er sagte „Toni, gläbstes, die loassa uns verreck". Wer nicht mehr laufen konnte, ist meistens verhungert. Des Öfteren kam ein

Fuhrwerk vorbei, das die Verhungerten aufgesammelt hat. Die wurden aufgeladen wie die Kartoffelsäcke. Der Schamse Ottmar, der auch in Kreuznach war, hat mir später erzählt, dass die dann in einen Steinbruch gekippt und angezündet wurden.

Das Gefühl, aufs Klo zu müssen, hatte man. Aber man konnte nicht, da nichts drinnen war. Wegen der Schmerzen hat man mit den Fingern was herausgeholt, das war wie Kohle.

Am 8. Mai war Kriegsende. Da flogen die Jabos über das Lager und schossen auf uns. Damals habe ich meinen Glauben, dass die Amis unsere Freunde sind, ganz verloren.

Mein Schlafplatz war nicht weit vom Zaun weg. An einem Sonntagmorgen sah ich ein Mädchen auf mich zukommen mit einem Henkelkorb am Arm. Wahrscheinlich was zu Essen. Als sie vom Weinberg kommend über die Straße wollte, wurde vom Wachturm aus auf ihre Füße geschossen. Der Korb lag im Weinberg. Ich drehte mich um und weinte.

Eines Tages wurde erzählt, das Lager würde aufgelöst und man müsste seinen Heimatort angeben. Es wurde erst die nähere Umgebung aufgerufen. Also meldeten sich der Erich und ich uns für Aschaffenburg, in der Hoffnung, dass wir dann früher rauskommen.

Das Entlassungslager war in Bingerbrück. Dort angekommen, mussten wir mit Hitlergruß an einem Mann vorbeimarschieren. Wir haben ihn wegen seiner Hakennase für einen Juden gehalten. Wir erhielten einen Gutschein für zwei Tage Marschverpflegung und einen Regenumhang.

Am nächsten Tag ging es dann los nach Aschaffenburg. Am Schlossplatz wurden wir aufgeladen. Den Gutschein haben wir in einer Metzgerei eingelöst. Dort haben wir eine Suppe und ich weiß nicht mehr was alles auf einmal verspeist.

Einen Bahnhof haben wir nicht gefunden. Also sind wir zu Fuß weiter. Neben der Straße fuhr ein Güterzug an uns vorbei. Da standen die Leute zwischen den Waggons auf den Puffern und klammerten sich fest. Wir blieben auf der Landstraße, es ging langsam voran. Nach einigen Kilometern hielt ein Kleinlaster neben uns an. Er sah, dass wir schlecht vorankamen. Der Fahrer half uns auf die Pritsche, so kamen wir nach Lohr.

Mein Kollege, der Kilian Erich, hatte Verwandte in Lohr. Dort kehrten wir ein. Ich war wie im Himmel. Seit ich von daheim fort war, konnte ich mich das erste Mal waschen und sogar duschen. In einem Bett zu schlafen war herrlich. Am nächsten Tag ging es zu Fuß langsam weiter. Am Ortsausgang von Neuendorf mussten wir Pause machen. Mein Kollege Kilian blutete so stark aus der Nase, dass mir angst wurde. An einem Brunnen pumpte ich kaltes Wasser auf ihn, bis es aufhörte…

Weiter kam Opa Toni mit seinen Aufschreibungen nicht. Er verstarb am 23. Dezember 2014 an den Folgen eines Herzleidens, das er sich im Winter 44/45 in Regensburg zugezogen hatte.

.